AF563696

CORRECTIF

AU LANGAGE

DE LA PRESSE PÉRIODIQUE.

LE NORMANT FILS, IMPRIMEUR DU ROI,
RUE DE SEINE, Nº 8 F. S. G.

CORRECTIF

AU LANGAGE

DE LA PRESSE PÉRIODIQUE,

OU

EXAMEN IMPARTIAL

DE QUELQUES QUESTIONS D'INTÉRÊT PUBLIC.

> Nullius addictus jurare in verba magistri.
> HOR.

PARIS.

LE NORMANT PÈRE, LIBRAIRE,

RUE DE SEINE, N° 8. F. S. G.

1828.

CORRECTIF

AU LANGAGE

DE LA PRESSE PÉRIODIQUE.

En lisant les feuilles quotidiennes qui se partagent la tâche de recueillir les nouvelles publiques, et de les accompagner des réflexions qu'elles leur suggèrent, on a, le plus souvent, à regretter de ne pas trouver, dans ces organes de nos dissentimens politiques, cette opinion calme, modérée, explicite, persévérante, qui, lors même qu'elle n'entraîne pas la conviction, peut du moins éclaircir et simplifier les questions soumises au jugement de tous. Ici, c'est un langage vague, équivoque, qui laisse soupçonner des arrière-pensées, soustraites au grand jour de la discussion; là, c'est une versatilité de vues qui, subordonnées à des prédilections personnelles, semblent n'avoir que celles-ci pour arbitre de la louange et du blâme; ailleurs, c'est une opposition invariable et systématique envers les dépositaires du pouvoir, quels que soient leurs vues et leurs actes, et conséquemment un esprit de malveillance et de mauvaise foi, incompatible avec l'amour et la recherche de la vérité. Ce n'est pas que nous prétendions frapper ce qu'on nomme le *journalisme*, d'une réprobation qui nous paroît contraire aux principes mêmes de notre loi fondamentale. Dans un état de choses où la libre expression de la pensée est de droit commun, nous nous refusons à croire que la publication journalière des opinions qui divisent la société, soit un péril inévitable et constant pour l'ordre légal. Certaines conjonctures peut-être donnent aux feuilles publiques une influence momentanément pernicieuse, en pervertissant ou les idées, ou les intentions des écrivains qui élèvent et abordent chaque jour cette tribune des temps modernes. Mais l'évidence des faits, mais le soin, trop négligé parmi nous, de faire connoître et de justifier les desseins du gouvernement, doivent triompher des préventions et des injustices. C'est à la condition d'employer avec habileté, pour sa défense, les armes dont on use contre lui, que le pouvoir est exposé, dans un État libre, aux agressions continuelles de la presse périodique. Que si on prétend le placer dans une sphère supérieure à toute polémique, on s'écarte des vues qui, afin de manifester sa force ou de prévenir ses écarts, ont pour objet de le mettre sans cesse aux prises avec les résistances de l'opinion.

Le plus grand obstacle, sans doute, au salutaire exercice du droit de censure dont les journaux sont investis, vient des souvenirs si récens de nos discordes civiles. C'est de là que tant de récriminations impitoyables, de traits envenimés, reçoivent cette impulsion dont aucune répression légale ne peut arrêter l'effet. C'est de là que part cette chaîne de préventions qui, captivant la raison, ne laissent apercevoir aux victimes de nos troubles politiques, dans les vœux de la liberté, que l'image des excès dont elle fut le prétexte, et aux amis de l'ordre constitutionnel, dans quelques idées familières à l'ancien ordre monarchique, qu'une agression contre nos franchises nouvelles. Le temps, qui seul peut entièrement faire évanouir ce triste héritage de nos longues dissensions, n'avance pas son œuvre avec la célérité que demande le besoin d'union et de paix qui se fait universellement sentir ; mais l'urbanité, la tolérance qui doivent résulter des communications sociales, rétablies entre des hommes que distinguent et que ne séparent plus les opinions, ont déjà évidemment anticipé, à cet égard, sur l'œuvre du temps.

Quoi qu'il en soit, les droits d'une consciencieuse impartialité nous ont semblé pouvoir prêter, aux réflexions qui suivent, la force et l'autorité auxquelles la plupart des feuilles périodiques semblent souvent préférer encore la faveur et la connivence d'un parti.

Dans les gouvernemens qui n'admettent aucun partage de la puissance publique, les partis qui divisent la société ne naissent qu'accidentellement des troubles qui l'agitent, tandis que leur existence semble être une conséquence nécessaire et permanente d'une organisation politique fondée sur un tel partage. Aussi, dans le premier cas, le pouvoir ne peut-il, sous peine d'une ruine inévitable, laisser subsister, dans l'État, des querelles intestines qui ont indispensablement alors un caractère de sédition ; mais, dans le second, ainsi que l'expérience le prouve, une constitution libre s'affermit et prospère au milieu de la lutte des partis. On juge en effet aisément que, lorsque l'unité du pouvoir a plié une nation à d'uniformes habitudes, tout ce qui altère cette double identité affoiblit et tend à rompre le lien social; mais que, lorsque des intérêts divers et des forces rivales concourent à l'action du gouvernement, leur part respective d'intervention doit devenir un objet perpétuel d'examen et de discussion. Ainsi, il arrivera toujours, par exemple, que, dans une monarchie limitée par des institutions populaires, certains esprits, disposés à redouter, avant tout, les excès de la licence, pencheront à fortifier l'autorité tutélaire du monarque, tandis que d'autres, remplis d'alarmes jalouses, pour la conservation des libertés publiques, tendront, par des efforts contraires, à limiter le pouvoir, objet de leurs méfiances. Telle est la source naturelle des dissentimens qui, sous différentes dénominations, n'ont cessé, pendant près de deux siècles, d'alimenter, en Angleterre, l'esprit de parti et l'animosité des débats politiques.

Certains faits de l'histoire de nos voisins offrant, sur ce point, dans des rapports sensibles avec notre situation présente, des leçons qu'il importe de recueillir, envisageons ici quelques traits du parallèle.

Une faction républicaine naît, en Angleterre, vers le milieu du dix-septième siècle, des troubles qu'avoit préparés l'altération des croyances religieuses, et que fit éclater le besoin des réformes politiques. Elle triomphe; et son succès éphémère livre le pouvoir aux mains d'un usurpateur qui, soutenu par l'ascendant de sa renommée militaire, comprime dans ses mains habiles jusqu'aux violences qui l'ont élevé à la puissance suprême. « Bientôt (selon les expres- » sions de Montesquieu) le peuple qui avoit » cherché partout la liberté et qui ne l'avoit » trouvée nulle part, se repose dans le sein du » gouvernement qu'il avoit proscrit. » Toutefois les opinions n'en restent pas moins divisées sur les mêmes points qui avoient provoqué une longue et sanglante révolution; seulement, l'esprit de *faction*, vaincu et décrédité, se réduit à l'allure et aux prétentions d'un *parti* : les *cavaliers* de Charles Ier et les *têtes-rondes* du *long-parlement* sont remplacés par ce qui fut alors nommé le parti de *la cour* et le parti *patriote;* jusqu'à ce que ces dénominations ne suffisant plus à l'aigreur des animosités politiques, les noms de *wighs* et de *torys*, d'abord réciproquement injurieux, finirent par être agréés de ceux même dont ils désignoient l'opinion.

Ce fut peu après que survint cette révolution

de 1688 qui, donnant aux deux partis un but commun d'hostilité, les rapprocha sans les confondre. Cependant la collision de ces opinions rivales, dont l'une, prenant sa source dans les habitudes de l'ancienne monarchie, n'en adoptoit pas moins graduellement les principes de la nouvelle, dont l'autre, sortie des rangs du républicanisme puritain, n'en avoit pas moins reconnu les droits limités de l'autorité royale, continua d'entretenir les dissidences, inhérentes à la balance des pouvoirs, dans une constitution mixte.

Charles II, rappelé par le vœu presque unanime de la nation anglaise, avoit eu long-temps pour but d'effacer ces distinctions de parti; tâche au-dessus de ses forces, mais que lui proposoit peut-être autant l'indolente modération de son caractère, que l'instinct secret qui l'avertissoit d'un obstacle à l'exercice de la puissance absolue. Guillaume III, dans des circonstances différentes, se trouva aussi, trente ans après, appuyé de l'alliance momentanée des deux opinions rivales, et il ne pouvoit pas davantage en opérer la réunion. Les *torys* ne contemploient pas sans répugnance son titre royal, attentatoire aux droits de l'hérédité, bien qu'à tout prendre, les prérogatives de la couronne, sur quelque tête qu'elle fût placée, leur parussent devoir être maintenues. Les *wighs* au contraire voyoient, dans la forme élective donnée à la transmission du pouvoir, une application de leur doctrine, dont ils ne demeuroient toutefois satisfaits, qu'autant qu'elle limiteroit, au gré de leurs opinions, dans les mains du nouveau monarque, l'exercice de la puissance. De là, deux intérêts divers qui firent constamment flotter ce prince, entre les amis de son autorité et les partisans de son usurpation. Presque toujours, les *torys*, forcément attachés aux conséquences de la révolution, dont ils avoient été fauteurs presque involontaires, l'emportèrent, dans ses préférences, sur leurs antagonistes, qu'on ne vit jamais néanmoins totalement écartés des emplois.

Le règne de la reine Anne porte à peu près les mêmes caractères, si ce n'est que les intrigues de cour, y occupant une plus grande place, firent tour à tour prévaloir les *wighs*, par le crédit d'une favorite, les *torys*, par l'influence d'une autre. Dans l'un ni l'autre cas, cependant, les partis ne prétendirent, pas plus que sous le règne précédent, à remplir exclusivement les conseils du souverain.

L'avènement de la Maison d'Hanovre rompit

cet équilibre. Comme dans les dernières années de la reine Anne, le ministère de lord Bolingbroke et de lord Oxford, où dominoient les *torys*, avoit paru flatter les espérances des partisans de la Maison de Stuart, George I et son fils George II conçurent, envers l'ancien parti de la royauté, des méfiances qui livrèrent exclusivement le pouvoir entre les mains des *wighs*. Ceux-ci en usèrent sans ménagement pour leurs adversaires; mais il résulta de ce triomphe du parti populaire une permutation de rôle, et, à quelques égards, de principes. En effet, les *wighs*, intéressés à l'affermissement d'un pouvoir dont ils étoient devenus les uniques dépositaires, se trouvèrent obligés de soutenir les droits de la couronne; tandis que les *torys*, jusque là zélés apologistes de l'autorité monarchique, se virent contraints d'emprunter les maximes de leurs antagonistes, pour rechercher une popularité qui s'offroit à eux comme un indispensable appui. De cet état de choses, qui se prolongea, sauf quelques vicissitudes, pendant près de quarante années, il dut arriver que des sentimens, d'abord professés par intérêt, s'emparèrent, par l'habitude, si puissante sur nos dispositions morales, de la conviction des partis; les *torys* se trouvant réconciliés avec les oppositions populaires, et les *wighs* avec les prérogatives de la royauté.

Ce qui n'est pas moins remarquable, c'est que cette altération des principes et des vues qui séparoient les partis, ne tarda point à produire, dans leur action et leur but, un changement non moins important. Les articles de leur foi politique devinrent, pour chacun d'eux, un lien moins fort et moins apparent que celui des prédilections personnelles, qui distinguoient leur opposition réciproque. Plusieurs fois on a vu ces préférences l'emporter sur l'identité des doctrines, et deux fractions d'un même parti se ranger sous les bannières opposées de deux chefs parlementaires. Ce que dit à ce sujet M. Hallam, dans un ouvrage récemment publié, peut donner une juste idée des modifications que les mœurs publiques ont subies, sur ce point, en Angleterre :

« Avant la révolution de 1688 et pendant les » deux règnes qui l'ont suivie », observe cet écrivain, « le souverain choisissoit ses ministres » *individuellement* et à *son gré*, et bien que l'on » pût sans doute refuser les fonctions ministé- » rielles, on ne le faisoit point par obligation » de rester fidèle à des engagemens de parti. » De là venoit que dans les conseils du prince,

» les hommes qui ne se trouvoient liés par aucune identité expresse de principes, pouvoient
» souvent professer publiquement une différence d'opinion sur des points assez essentiels;
» mais les *whigs* ayant été exclusivement investis
» du pouvoir, sous la Maison d'Hanovre, ils formèrent une phalange que le monarque lui-même ne put ensuite rompre aisément. Ce fut
» alors, que les hommes publics se firent un
» point d'honneur de se rallier à une même
» bannière, lors même qu'il ne s'agissoit pas
» d'une même cause à soutenir, en supposant
» toutefois qu'ils eussent, à tout prendre, une
» autre cause en vue que les avantages personnels d'un parti. Dans cette prédilection pour
» certains hommes et pour certaines dénominations, substituée à la profession des doctrines qui devroient être le véritable objet de
» la persévérance politique, on ne peut s'empêcher de voir une abjuration réelle des vertus publiques. Toutefois le déshonneur qui
» s'est attaché aux défections intéressées, bien
» que l'on en voie de fréquens exemples, a
» certainement contribué à épurer les vues
» sur lesquelles se fonde la considération
» du Parlement. Quoi qu'il en soit, la royauté
» a incontestablement perdu, en ceci, toute

» la force qu'ont gagnée les agrégations de » parti. » *

A cette cause d'altération insensible dans la répartition des forces politiques que met en balance la constitution anglaise, il vint s'en joindre une autre qui ne tendit pas moins à entraver l'exercice de l'autorité royale. George I qui ne pouvoit converser qu'*en latin* avec ses ministres, George II qu'absorboit presque exclusivement le soin de défendre et d'agrandir ses possessions électorales, s'accoutumèrent à demeurer presque étrangers au gouvernement de leur royaume insulaire **. Ainsi, tandis que Guillaume III et la reine Anne, nommant, comme il a été dit plus haut, individuellement leurs ministres, présidoient eux-mêmes leur conseil, les rois hanovriens s'abstinrent d'y assister, et se bornèrent, comme cela se pratique encore aujourd'hui, à se faire rendre compte par un ministre principal du résultat des délibérations. On juge aisément comment cette forme d'ad-

* *Histoire Constitutionnelle d'Angleterre*, vol. IV, ch. 6.

** On peut citer, en preuve de cette disposition, que lord Sanderland, alors ministre de Georges I, lui fit agréer un projet de loi dont l'objet étoit d'interdire dorénavant au Roi le droit de faire de nouveaux pairs. Le *bill*, en effet, présenté, fut adopté par la Chambre des Pairs, mais rejeté par celle des Communes.

ministration, combinée avec la force des associations de partis, a dû inévitablement faire prévaloir, sur les volontés du monarque, l'exigence irrésistible des influences parlementaires.

En France, comme en Angleterre, une révolution, terminée, a laissé subsister des partis dont les doctrines ne sont que les principes restreints de ceux qui allumèrent nos discordes civiles. D'un côté, on renonce à combattre la royauté, pour adopter des vues plus ou moins saines, plus ou moins modérées, dont le but est de la renfermer dans des limites légales; de l'autre, on abjure toute idée de voir revivre les formes de l'ancienne monarchie, mais on prétend limiter le plus possible les droits d'une liberté qui peut si facilement dégénérer en licence. Entre ces opinions opposées, il y a encore assez de disparité pour entretenir nos divisions et nos antipathies; et nous ne sommes pas, à beaucoup près, parvenus au point où les dénominations de parti ne seroient plus que des mots de ralliement. Toutefois, si l'on y fait bien attention, les circonstances qui ont précédé et suivi la Restauration ont imprimé, pour ainsi dire, à la vie de nos partis un mouvement d'accélération qui semble en avoir partiellement épuisé les forces. Déjà, en plus d'une occasion, nos *torys* ont appris, dans les rangs de l'Opposition, à se faire une arme de la popularité; déjà, l'on a parlé de coalitions de *partis*, d'amalgame d'opinions, et quoique ces dispositions ne soient pas encore réglées par la conscience bien éclairée, ni quelquefois bien sincère d'un esprit de conciliation véritable, il y a sans doute, dans de tels symptômes, des analogies frappantes avec l'atténuation progressive qu'ont subie, en Angleterre, des doctrines destinées à se fondre dans la lutte des supériorités parlementaires. Pendant ce temps, le parti que l'on nommoit *buonapartiste*, et qui pouvoit tenir, dans nos débats politiques, une place analogue à celle du parti *jacobite*, conspirant, en Angleterre, mais par des motifs opposés, contre la possession actuelle du trône, a vu ses espérances englouties dans un tombeau. La polémique engagée entre les *ultramontains* et les *gallicans*, n'est qu'une foible image des longues dissensions qui partagèrent la nation anglaise entre l'Église épiscopale et le Calvinisme presbytérien. Il y a pareillement une grande différence entre la clameur dont les jésuites sont l'objet, et le cri, *Point de papisme!* qui enflammoit à un si haut degré, chez nos voisins, les passions de la multitude. En un mot, nos répugnances, nos préventions, nos rivalités, se renferment déjà dans des bornes qui font augurer une plus prompte conciliation de nos différens, que celle qui, en Angleterre, n'a été due qu'à une longue suite de vicissitudes politiques.

Il ne faut pas non plus oublier que la révolution anglaise ayant eu, pour première origine, des controverses théologiques, il en est résulté qu'après la Restauration de la monarchie, les partis ont conservé quelque chose de la persévérance attachée à l'esprit de secte, tandis qu'en France, la religion n'ayant été enveloppée, dans le bouleversement social, que par ses rapports avec l'ordre politique, le principe de nos divisions n'en a point reçu le même caractère de ténacité.

Cette différence du principe primitif des deux révolutions explique encore pourquoi, dans l'une, les distinctions sociales, ne succombant qu'à l'application chimérique des principes de l'égalité chrétienne, ont facilement repris leur place dans l'organisation politique, et pourquoi dans l'autre, la hiérarchie des rangs, attaquée par le raisonnement philosophique et par la force matérielle, a fléchi d'une manière plus absolue et plus durable devant de nouveaux intérêts. On sent aussi comment en Angleterre l'esprit républicain, s'armant du fanatisme d'une secte austère, a dû provoquer une réaction que caractérisèrent l'irreligion et la dépravation des mœurs, et comment, au contraire en France, où le trône et l'autel tombèrent sous les mêmes coups, les opinions monarchiques ont dû ramener à la cour, dans les classes élevées de la société, en un mot, parmi tous ceux qui ont fait cause commune avec l'autorité royale, un esprit de religion et de régularité, dont les croyances et les mœurs s'étoient précédemment écartées. Telle est, indépendamment de tout calcul et de toute feinte, la pente naturelle du cœur humain.

Mais la disposition religieuse du parti royaliste en France, peut donner lieu à des observations importantes sur le caractère et le but des oppositions qu'a dernièrement rencontrées le gouvernement royal.

Il est de notoriété que le langage le plus familier aux opinions qui ont manifesté leur hostilité envers le dernier ministère, étoit celui qui le représentoit comme dominé par une influence théocratique, que ce langage a excité au plus haut point l'opposition devant laquelle ce ministère a fini par succomber, et que le cri général des mécontens a été l'expression d'une aversion insurmontable pour ce qu'on appeloit le *règne des jésuites*.

Il n'est pas moins avéré, ce nous semble, qu'en remontant à quelques années antérieures, on ne découvre point, dans le sentiment public, les symptômes d'un semblable déchaînement, contre ce que M. de Montlosier a nommé le *parti-prêtre*, expression que nous rappelons pour indiquer, d'un seul mot, la nature et l'étendue des préventions dont le sacerdoce a été l'objet.

Cependant, il faut pareillement le reconnoître; les actes par lesquels le gouvernement royal a manifesté le désir de rendre à la religion un lustre dont il devoit rejaillir quelque éclat sur les ministres des autels, les mesures qui ont eu pour but de rendre au culte catholique son indépendance et ses moyens d'action sur l'esprit des peuples, ne datent point du jour où se sont manifestées ces violentes agressions. Faut-il en conclure que le péril de l'ascendant théocratique soit resté long-temps inconnu, ou qu'une opinion impartiale et modérée ait su discerner, avec une admirable sagacité, ce qui, dans la tendance religieuse du pouvoir, étoit juste et salutaire, de ce qui, plus tard, a précipité la société sous le joug odieux des influences claustrales et de la dévotion ambitieuse? Nous pensons que l'une ou l'autre supposition n'est guère admissible; la première impliqueroit une inattention bien étrange dans une opinion éclairée par le choc perpétuel des dissentimens politiques, la seconde attribueroit au contraire, aux sentimens populaires, une délicatesse de justice distributive qui n'a jamais été leur partage. Il faut donc chercher d'autres causes au caractére nouveau qu'ont pris dans ces derniers temps, l'opposition et les mécontentemens publics.

La première de ces causes, du moins quant à la priorité d'origine, se trouve dans la connexité dont nous avons parlé entre les doctrines religieuses et monarchiques. Tant que cette connexité n'a pas été le point le plus accessible aux agressions de parti, elle ne leur a présenté qu'un moyen secondaire d'opposition. Dès que le Roi, la cour, le ministère ont pu être simultanément exposés à ce genre d'attaque, il est devenu presque exclusif. Ce n'étoit pas la première fois que l'impatience d'un frein religieux éclatoit parmi les autres principes d'indépendance que la révolution a légués à la génération présente; ce n'étoit pas la première opposition que rencontroit le retour des anciennes habitudes de la France catholique. Mais jusqu'alors les murmures ne retentissoient guère au-delà d'un cercle tracé par l'âge, la profession, les préjugés d'une certaine classe de mécontens. Aujourd'hui, la plainte est devenue plus grave et plus générale. Un Monarque, dont les simples et tolérantes vertus donnent, aux devoirs qu'il accomplit, toute l'autorité d'un exemple auguste et rien de l'empreinte d'un zèle austère, a vu sa vie domestique en butte à d'audacieuses investigations. La dévotion a eu souvent ses méprises, ses inconséquences, ses foiblesses. Dès lors, on les a gratuitement supposées à un prince religieux, comme la seule atteinte qui pût être portée à son caractère, comme la source des méfiances les plus pernicieuses qui pussent s'élever entre son peuple et lui. Dans d'autres circonstances, les désordres et les dissipations de la cour auroient fourni une arme différente aux mêmes agressions.

C'est ici le lieu de considérer une seconde cause moins injuste et moins illusoire, des inquiétudes publiques.

Ce qui, dans un gouvernement mixte, donne le plus de force à une opinion, à un système, c'est l'appui simultané de tous les pouvoirs politiques. Or, dans le cas présent, le ministère, d'une part, paroissoit déterminé à ne laisser subsister aucun moyen d'opposition légale à ses vues, et de l'autre, sembloit tendre à quelque but ignoré mais favorable aux prétentions du zèle religieux. C'étoit l'objet avoué de beaucoup d'efforts et de beaucoup d'espérances; pendant que, méconnoissant l'esprit de nos institutions, ne paroissant considérer la Charte que comme une forme de légalité donnée à un pouvoir qu'il falloit affranchir de toute autre contrainte, appliquant à un ordre politique, fondé sur la lutte et la conciliation constante des opinions, les mesures acerbes et le langage absolu qui ne conviennent qu'à une autorité sans contre-poids, enfin repoussant avec dédain l'appui des sentimens que modère une tolérance, toujours d'accord avec l'effet des grandes révolutions sociales, M. de Villèle se faisoit imputer le projet de vouloir attenter au pacte fondamental de nos libertés nouvelles; soupçon qui a suffi pour faire envelopper, dans une même réprobation, la politique du ministère et les influences du sacerdoce, par une conséquence de cette identité d'intérêts et de vues que leur faisoient attribuer des causes trop plausibles et trop imprudemment accréditées.

A ce sujet, il faut d'abord expliquer les causes

de l'empire qu'ont acquis, en France, les doctrines en faveur desquelles viennent d'éclater tant d'alarmes et tant d'efforts, et faire voir que cette disposition des esprits, résultat naturel des faits, participe à leur irrésistible puissance.

Jamais les opinions qui s'éloignent également des partis extrêmes ne sont aisément inculquées à la multitude dont les sens ne peuvent guère être frappés que par de grands contrastes. Aussi, dans les révolutions politiques qui soulèvent les passions populaires, on voit les premières vues de réformes immédiatement dépassées par de complets bouleversemens. De là, les changemens qui substituent une forme nouvelle de gouvernement à celle qui paroissoit enracinée, par l'habitude, dans l'esprit des peuples. Cette théorie des révolutions a été fort anciennement connue. Polybe * dit l'avoir puisée dans Platon, et Machiavel, sans avouer de même l'emprunt qu'il en a fait à Polybe, la reproduit par une traduction presque littérale **. Suivant eux, les mécontentemens populaires contre l'autorité d'un seul, donnent naissance au gouvernement de

* POLYBE, liv. VI, ch 1er.

** MACHIAVEL, *Discorsi*, lib. I, cap. 2

plusieurs ; les dédains ou les injustices de l'aristocratie font recourir à un partage plus illimité du pouvoir ; la licence démocratique a pour effet de précipiter le peuple sous le joug d'un despote, et les excès du despotisme ramènent les hommes à l'amour de la liberté. Mais dans ce cercle de vicissitudes il est une distinction évidente à faire entre l'enchaînement de ces causes et de ces effets, tel que l'offre le long développement des âges, ou tel que nous le montre quelquefois l'action plus subite d'une seule et grande catastrophe. Dans le premier cas, les formes de l'état politique s'altèrent et se succèdent, en ne produisant qu'un effet pareillement successif sur l'esprit des générations qui s'écoulent. Dans le second, une même génération, emportée tour à tour, en sens divers, par la forte impulsion des événemens contemporains, passe rapidement d'un excès à l'autre et se trouve ainsi ramenée, par l'épuisement des contrastes, à la seule innovation possible, celle d'une situation mitoyenne entre les partis extrêmes dont elle a connu le péril et le malheur. C'est à cette dernière condition de l'esprit public qu'il faut nécessairement s'arrêter, pour juger l'opinion de la France. C'est par les excès du fanatisme républicain, et par la pesanteur du joug que lui imposa depuis l'ambition d'un usurpateur, qu'elle a été inévitablement conduite à fixer ses espérances sur une forme de gouvernement qui la préserve des abus du pouvoir et de ceux de la liberté.

Les circonstances qui ont fixé l'attention des classes moyennes, et même des classes inférieures de la société, sur les affaires publiques, et l'aisance qui a étendu et perfectionné l'éducation qu'elles reçoivent, deviennent encore la source de l'ascendant qu'ont acquis sur les esprits les maximes du gouvernement représentatif. Jamais les idées puisées dans les livres, sur des sujets politiques, n'ont été plus généralement répandues; jamais, si je puis m'exprimer ainsi, elles n'ont pu recevoir une plus grande force de circulation que par les journaux, *même censurés*, qui les ont sans cesse reproduites. Or, ces idées, telles que le nom des plus grands écrivains les accrédite, telles que les propagent les lectures les plus familières, ont toutes pour objet de constater la perfection d'une constitution mixte. La vanité de chacun est donc intéressée à les embrasser, pour faire cause commune avec le savoir et les lumières; et par une conséquence naturelle de cette disposition, on ne regarde toute opinion opposée que comme une tendance à faire rétrograder la société vers les siècles d'ignorance. En voyant ainsi l'amour-propre et sa jalouse susceptibilité se consacrer au maintien des doctrines constitutionnelles, on se rendra facilement compte de leur prépondérance; on s'expliquera aussi comment l'intérêt attaché, sous un chef militaire, à de prodigieuses victoires, a pu se transporter au triomphe d'un principe politique. La première place, dans la carrière de la gloire et de la puissance, semble n'avoir été abandonnée que pour aspirer à tous les avantages de la civilisation, sous le gouvernement le plus propre à en favoriser le développement.

Qu'on se demande maintenant, dans quelles vues, opposées à de telles espérances, d'imprudens apologistes de la religion se sont voués à la louange exclusive du passé, en ont exhumé les prétentions les plus exorbitantes de l'autorité pontificale, ont invoqué le rétablissement d'une congrégation abolie, comme un moyen de refaire l'éducation dans un sens inverse de celle qui a formé les idées et les habitudes de la génération présente; et l'on appréciera les inquiétudes qui ont soulevé contre les influences religieuses, des opinions si puissamment et si généralement favorables à nos institutions nouvelles !

Sans doute qu'à cet égard les craintes ont été aussi exagérées que les espérances contraires étoient chimériques. Vainement le talent le plus brillant et le plus ingénieux s'efforceroit aujourd'hui d'enchaîner le pouvoir humain aux mystérieuses révélations de la science divine. Le sentiment public, exclusivement guidé par des faits sensibles et des intérêts palpables, échappe à ces subtiles théories ; et M. de Maistre, comme M. de La Mennais, n'auront pas fait de prosélytes aux doctrines du moyen-âge, palliées et rajeunies dans leurs écrits. Les projets qui ont pour but une éducation régénérée, n'auront pas un meilleur succès ; et la *Société de Jésus* ne deviendra, ni au gré de ses partisans, ni contre celui de ses détracteurs, le mobile d'une grande révolution morale! Personne jusqu'ici ne s'est inquiété de savoir si cette Société célèbre pouvoit recouvrer quelque chose de sa force et de sa splendeur ; si les jésuites redeviendroient jamais, comme autrefois, missionnaires, répandant sur leur Ordre l'éclat de leurs courageuses entreprises ; prédicateurs, illustrant l'éloquence de la chaire ; confesseurs des Rois, influant sur la destinée des peuples ; instructeurs de la jeunesse, fondant leur ascendant sur la foi des générations contemporaines. Mais une réflexion attentive résoudra négativement toutes ces questions et dissipera le prestige de cette puissance imaginaire, qui a nourri tant d'illusions et suscité tant d'alarmes. Et, quant à cet art merveilleux de subjuguer les esprits que l'on attribue à une congrégation fameuse et qui rendroit périlleuses ses vues de domination, il semble que c'est montrer une singulière défiance de la raison publique, éclairée par tant de libres controverses, que de redouter, pour elle, l'empire de la persuasion; réflexion qui toutefois n'empêche pas de reconnoître la déplorable solidarité que l'opinion publique a cru découvrir entre les vœux inconsidérés d'une religion abusée, et les intérêts contraires au nouvel ordre politique.

Mais le désaveu des doctrines ultramontaines, fait par les évêques de France, mais l'attachement de la plus grande partie du clergé aux libertés de l'Eglise gallicane, mais la vie exemplaire et apostolique de la plupart de nos pasteurs, renfermés dans les soins du sanctuaire, déposent contre des imputations qu'autorisent uniquement quelques écarts et quelques exceptions! Oui, sans doute; aussi n'avons-nous pas vu, jusqu'à une époque assez récente, le sacerdoce compromis d'une manière sensible dans la lutte des partis. C'est depuis que le gouvernement a voulu donner aux ministres des autels une autre influence que celle de leurs saintes fonctions, depuis que leurs opinions et leurs intérêts sont devenus, de la part des administrateurs, l'objet d'une attention nouvelle, depuis que les lois ont été armées de plus de rigueurs contre les offenses à la majesté divine; c'est, en un mot, depuis le système suivi à cet égard par le dernier ministère, que l'indépendance des consciences s'est alarmée. Un homme d'État disoit que l'habileté d'un gouvernement consistoit à ne pas *trop gouverner*. On pourroit dire pareillement que la protection la plus efficace, en certains cas, est de ne pas *trop protéger*. En voyant les mêmes hommes s'appliquer à la fois aux projets qui avoient pour objet l'intérêt des choses saintes, et à ceux dont le but sensible étoit d'éluder le libre exercice du droit d'élection, de fermer l'accès du trône aux plaintes les plus respectueuses, d'abuser, au gré des prédilections de parti, des plus importantes prérogatives de la couronne, étoit-il possible que l'on ne vît pas, que l'on ne s'exagérât pas les périls d'une complicité redoutable entre les entreprises du pouvoir et les influences du sacerdoce? En résumé, et la question est là tout entière : un système de gouvernement, inverse de celui où l'on auroit aimé à reconnoître une sincère conformité à l'esprit de nos nouvelles institutions, a excité des soupçons et des répugnances envers tous les fauteurs des doctrines qui leur sont opposées. Ces fauteurs, on a cru les voir dans les jésuites, résurrection préconisée des temps dont on ne veut pas le retour, dans les congrégations pieuses, employées au soutien d'une administration impopulaire, dans les ministres de la religion de l'Etat, dont quelques uns ont malheureusement trahi leur aversion pour un ordre social où la liberté des opinions leur a semblé attentatoire à l'implicite soumission de la Foi. Sous des apparences qui semblent toucher à des intérêts religieux, il ne s'agit donc, en réalité, que d'intérêts politiques, et, dès que l'on aura pris quelque soin de rallier aux nouvelles idées, sur le gouvernement de la société, celles qui prennent leur source dans l'antique enseignement des dogmes sacrés, dès que les organes de la loi divine auront hautement professé leur attachement à la loi humaine, telle que la France la désire, la reconnoît et l'accomplit; nul doute que bientôt les esprits ne soient détournés d'une funeste opposition aux croyances et aux devoirs dans lesquels doivent se rencontrer les plus sûres garanties du bonheur public.

Que si une piété sincère s'alarme de la corruption et de l'incrédulité du siècle, en protestant du seul but qu'elle se propose, de ramener les hommes à la foi et à la pratique des vertus chrétiennes; nous demanderons à ceux qui, chargés de répandre la parole sainte, l'arment de toutes ses sévérités et de tous ses anathèmes envers la génération présente, s'il est bien certain que le culte rendu à Dieu, *en esprit et en vérité*, ait à souffrir de plus d'infractions et d'infidélités qu'aux temps passés, qu'ils citent en exemple. Sans doute que la doctrine, armée de plus d'autorité, a pu multiplier alors davantage les signes et les actes de la croyance; mais que l'on parcoure les annales de l'Eglise, et que l'on voie si l'époque où la crédulité alloit bien au-delà des obligations de la foi, n'est pas celle où les plus grands crimes et les plus grands scandales ont affligé l'humanité et souillé même le sanctuaire. Et lorsqu'après ces siècles d'ignorance et de barbarie, signalés par tant de révoltantes prévarications, on s'arrête à ceux où les mœurs, en se polissant, rendirent à la morale de l'Evangile son empire sur des esprits plus éclairés, que l'on considère encore combien d'écarts et de vices s'allièrent long-temps à la pratique des devoirs religieux! N'est-ce pas dans ces jours, d'une mémoire plus récente, que l'on voyoit les austérités du cilice s'associer aux voluptés d'une vie efféminée et corrompue, des moines déserter le cloître, et des prélats leur troupeau, pour aller dans les combats verser le sang de leurs frères, ou briguer, dans les cours, la faveur des rois *? Ne conserve-t-on point les témoignages des habitudes sacriléges qui mêloient sans scrupule, aux plus licencieux désordres, l'approche fréquente de la table sainte **? Et, presque de nos jours encore, n'a-t-on pas vu les intérêts mondains, la dissolution des mœurs et l'impiété même, envahir souvent les richesses de l'épiscopat et du sacerdoce, en leur enlevant ainsi la confiance et la

* Sous Louis XIII, où les armées étoient commandées par des cardinaux.

** Le maréchal de Bassompierre, dans un journal qui peint la dévotion de son temps, après avoir raconté quelque anecdote scandaleuse où il joue le premier rôle, ne manque jamais d'ajouter quelques lignes plus bas, à l'époque des grandes fêtes : « J'ai fait mes pâques. »

vénération des peuples? A tout prendre, les âmes pieuses pourront préférer, à cet alliage impur de la religion de nos pères, l'accomplissement, moins général peut-être, mais plus conséquent, des devoirs qu'embrassent la conviction et la vertu. Lorsque l'aveuglement de l'ignorance ou de l'habitude n'excuse plus les contradictions du cœur, une foi stérile et démentie ne s'y placeroit qu'à côté du scandale; et les mœurs présentes ont quelques-uns des effets de cette lumière qui, devant le tribunal de Dieu, ne laissant un jour dans l'ombre aucune des pensées des hommes, rendra manifeste à tous le petit nombre des justes.

Quoi qu'il en soit, il n'y a rien, il ne peut rien y avoir, dans la religion catholique, de contraire aux principes d'un gouvernement libre. Et les méprises de l'habitude et du préjugé n'auront pas, on doit le croire, à cet égard, des effets durables. On voit, en Angleterre, cette même religion, objet d'une exclusion politique, entraîner, par cette circonstance, ceux qui la professent dans une opposition où dominent les doctrines du parti réformateur et populaire; on la voit même dans le Nouveau-Monde conserver son empire orthodoxe sur de naissantes républiques. Le dogme immuable n'est incompatible avec aucune nature d'institutions politiques. Les dispositions des ministres des autels, variables à l'égard des choses du monde, comme celles des autres hommes, ont été de tous temps soumises à l'influence des lois et des mœurs; observation qui, soit dit en passant, peut disculper même les jésuites du dix-neuvième siècle des doctrines professées par les jésuites du dix septième.

Après avoir réduit à leur réalité rassurante, ceux de nos différends qui semblent affecter les intérêts de la religion, abordons, avec plus de sécurité, des questions moins délicates, mais d'une gravité qui n'en réclame pas moins une sérieuse attention.

Nous ne nous arrèterons pas à retracer les actes qui caractérisent l'administration de M. de Villèle. La tâche d'attaquer le pouvoir déchu n'a rien d'attrayant pour des intentions désintéressées, qui ne se proposent que la recherche de la vérité; mais cette recherche même impose des obligations auxquelles nous ne pouvons nous soustraire.

Par une fatalité singulière, M. de Villèle a succombé à la connivence de deux oppositions diverses, qui lui avoit précédemment livré le pouvoir; leçon frappante qui ne sera pas perdue pour l'histoire! C'est qu'appuyé de tout l'effort d'un parti, à la tête duquel ses talens lui avoient marqué sa place, il falloit encore néanmoins qu'une semblable alliance écartât les obstacles qui s'opposoient à son élévation; alliance éphémère comme les causes qui l'avoient produite, et qui conséquemment ne pouvoit lui offrir un soutien durable. Réduit à chercher une autre assistance aux intérêts que venoient d'isoler les avantages exclusifs de la victoire, et que ne tarda point à désunir l'usage qu'il s'agissoit d'en faire, M. de Villèle ne crut rencontrer cet appui que dans la puissance même, dans les rigueurs qu'elle peut faire craindre, dans les séductions qu'elle peut offrir. De là, cette sorte de discipline politique, prodigue de disgrâces et de récompenses, à l'aide de laquelle il se flatta de rester le chef d'un puissant parti. Il ne prétendoit pas sans doute abolir la Charte, comme le lui ont imputé les exagérations de la crainte ou de la haine, mais seulement en plier les conditions et les formes à ses vues et à celles des hommes qui, dans les conciliabules de la Chambre élective, s'étoient rangés sous sa bannière. Si l'on examine attentivement sa conduite, depuis le jour où il prit les rênes du gouvernement, jusqu'à celui où ses conseils, attestant son impatience de tout obstacle légal, ouvrirent la Chambre des Pairs à une foule de ses adhérens éprouvés, on verra qu'il ne considéra jamais le pouvoir que comme une conquête défendue par un parti, qui lui-même se retranchoit derrière les expédiens et les évasions, les faveurs et les sévérités du ministère. Les défections de ses anciens partisans, provoquées soit par une dissidence d'opinion, soit par une émulation ambitieuse, n'ébranloient point sa confiance dans un système dont il attendoit de continuelles et suffisantes compensations. Mais tandis qu'il comptoit sur des majorités factices, des majorités réelles déjouoient ses espérances; et lorsqu'il s'appuyoit sur une doctrine dévouée à ses desseins, il la voyoit dépasser ses vues et compromettre son avenir. Sans cesse occupé à modifier et à recomposer les élémens de sa force, il n'a jamais eu le loisir d'en faire l'emploi, et le temps est devenu, pour lui, un auxiliaire inutile. Il a demandé la septennalité: la septennalité obtenue lui a failli à la moitié de son cours. Ainsi, toujours déçu par les illusions d'une politique étroite et journalière, il s'est enfin précipité au-devant des coups que devoient lui porter des institutions méconnues, dont il prétendoit éluder les conséquences, et une animadversion dont il avoit vainement comprimé l'essor.

On s'est souvent étonné des préférences accordées à la médiocrité par un ministre dont la capacité, bien qu'égarée dans un faux système, devoit toutefois s'unir à plus de discernement; mais on n'a pas fait attention qu'en voulant exercer, par un parti et pour un parti, la toute-puissance administrative, il avoit, avant tout, à reconnoître le mérite d'une aveugle conviction ou d'une complète déférence; heureux quand le talent, dupe ou complice de ses erreurs, venoit parfois se jeter dans les rangs de ses amis politiques!

Ceux-ci ne lui étoient pas tous attachés par les mêmes liens. Tantôt l'affection, la confiance et l'identité des préjugés; tantôt l'intérêt et la foiblesse lui soumettoient les volontés. Ici, des hommes que l'on avoit vus, sous le règne d'un usurpateur, applaudir aux entreprises de la puissance absolue, transportoient sans effort à un autre pouvoir la docilité de leur symbole politique; là, de zélés et constans amis de la monarchie, épouvantés de toute résistance formidable aux droits, objets de leur dévouement, prodiguoient sans examen leur appui à l'organe avoué de l'autorité royale. Enfin les défiances excitées contre l'opposition dite *libérale*, par son association à d'anciens fauteurs de nos désordres et à des intérêts naguère encore complices de l'usurpation, voyoient dans une tendance contraire, une sauvegarde contre des intentions vainement désavouées; car il ne faut pas perdre de vue que si les gouvernemens ont, à leur disposition, des actes pour attester leurs principes, les partis n'ont souvent que d'insuffisantes protestations. Quoi qu'il en soit, ces dispositions diverses, ralliées à la fortune de M. de Villèle, n'en recevoient pas moins l'empreinte uniforme de sa conduite et de ses vues. C'étoit toujours l'opposition, dont il avoit été le chef, exerçant le pouvoir qu'elle avoit conquis; mais cette opposition, après avoir précédemment invoqué contre l'autorité ministérielle, les maximes de la liberté et les concessions de la Charte; ayant démenti dans ses œuvres les doctrines dont elle s'étoit fait une arme agressive, et se voyant désavouée par de nombreuses défections, n'avoit plus la puissance d'une opinion, lorsqu'elle conservoit encore les prétentions et le caractère d'un parti.

C'est alors que la France, soulevée contre l'administration de M. de Villèle, a semblé appeler de ses vœux un système diamétralement opposé, c'est alors que l'on a parlé de mettre ensemble, au timon des affaires, des hommes qui avoient long-temps professé les opinions les plus diverses. Il étoit évident qu'une semblable idée ne prenoit sa source, ni dans la confiance exclusive, ni dans les préférences des partis, puisque la première nécessité d'une administration hétérogène auroit été de modifier leurs vues exclusives par des concessions réciproques. C'est donc plutôt par l'attente même de ces sacrifices mutuels, qu'une transaction de cette espèce sourioit à l'imagination des peuples. Fatiguée des exigences et des exclusions de parti, la France a pu se flatter de les voir se neutraliser, les unes par les autres, dans l'exercice commun et partagé du pouvoir.

Pour bien juger les rapports qui existent, à cet égard, entre les intérêts de la société, et la tendance de l'opinion, il est essentiel de consulter encore l'histoire de nos voisins, et d'y étudier les phases diverses de l'ordre politique, en ce qui touche à l'exercice des fonctions ministérielles.

Si l'on se rappelle ce qui a été dit plus haut

sur les changemens qu'ont subi en Angleterre la croyance des partis, et leur intervention dans le gouvernement de la société, on a dû remarquer trois natures diverses d'agrégations ministérielles : 1° les *ministères de choix*, nommés, selon l'expression de M. Hallam, *individuellement et au gré du souverain ;* 2° *les ministères de parti*, tels qu'ils ont commencé à se former, d'après un principe d'exclusion, sous les rois de la maison d'Hanovre ; 3° les *ministères de coalition*, qui depuis sont nés de la combinaison des oppositions parlementaires, lorsqu'à la contradiction des doctrines avoit succédé la lutte des influences et des prédilections personnelles. On conçoit aisément, en effet, que dans les règnes qui ont suivi immédiatement la révolution de 1688, la royauté exerçant, d'après des habitudes antécédentes, une action directe sur la conduite des affaires, et les partis n'ayant point encore acquis toute leur prépondérance aristocratique, les ministres fussent choisis soit d'après les préférences personnelles du souverain, soit d'après les désignations également personnelles de l'opinion publique. Postérieurement, et lorsqu'un seul parti eut accaparé la confiance exclusive du monarque, celui-ci ne put appeler dans son conseil que les hommes qui déjà s'étoient placés dans les premiers rangs de l'opinion victorieuse; enfin, quand les intérêts eurent fait varier les doctrines et atténué ainsi leur empire, tandis que l'habitude d'une discussion libre et publique faisoit éclore des talens populaires, et que la marche de l'organisation sociale agrandissoit le patronage des classes élevées, il devoit arriver que des brigues puissantes, formées spontanément par l'association de diverses influences, présentassent un accord formidable d'ambitions et de volontés, dont le monarque eût indispensablement à s'appuyer dans l'usage de sa prérogative.

Mais à laquelle de ces trois circonstances politiques peut-on assimiler en France la royauté selon la Charte et le caractère de nos partis? évidemment à celle qui laissoit au Roi Guillaume et à la Reine Anne le choix à peu près indéterminé de leurs ministres, sauf la nécessité qui subsiste, même pour les gouvernemens absolus, mais qui est bien plus impérieuse dans les gouvernemens libres, de mettre leurs préférences d'accord avec l'estime et la confiance publiques. Hors de cette loi implicite, nous n'apercevons pas, nous l'avouons, de nécessité qui, jusqu'à présent, puisse limiter sur ce point le pouvoir indépendant de la couronne; et puisqu'un ministère de parti vient de décrier parmi nous, le principe d'exclusion, sur lequel il étoit fondé, ou du moins qu'il avoit adopté pour système, tout ce que les conjonctures présentes semblent exiger, est une administration qui suive une route opposée, et qui se propose pour but, la conciliation des partis, autant qu'elle est praticable dans l'état actuel de la société. Convient-il pour cela de réunir, dans le conseil du souverain, des hommes dont les vues disparates se rapprochent par nécessité? c'est ce qu'on peut révoquer en doute. La modération qui doit présider aux actes du gouvernement n'en sera pas moins salutaire, pour être l'effet d'une disposition spontanée; et l'amalgame dont il s'agit ne seroit point accompagné pour nous des garanties qu'il offre ailleurs, dans des circonstances différentes.

Il ne faut pas perdre de vue qu'en Angleterre les droits respectifs et l'action combinée des pouvoirs constitutionnels n'ont pu demeurer immuables, malgré le *bill des droits* qui les a fixés et définis. Il en est ainsi de toutes les institutions humaines, même de celles qui sont fondées sur les volontés et les vues les plus explicites. Une nécessité que l'on nomme d'ordinaire la force des choses, un développement insensible, parce qu'il est graduel, des principes recélés dans des innovations soumises à l'intervention des faits et des idées, altèrent sans cesse, à quelques égards, le système primitif; et le seul principe de stabilité qu'offre sur ce point un gouvernement libre, est l'attachement jaloux du peuple à des formes protectrices de la liberté. Ainsi, bien que chez nos voisins les prérogatives légales de la couronne et les libertés parlementaires soient demeurées toujours les mêmes, il n'est pas difficile d'apercevoir que depuis quelque temps, les unes et les autres ont été, peu à peu, transportées dans une autre sphère d'action et d'influence. La royauté, en tant qu'elle s'y produit aux regards par l'organe de ses agens avoués, a pris un ascendant plus constant et plus assuré sur les résistances du parlement; mais celui-ci, par la tactique nouvelle qui résulte des sacrifices d'opinions individuelles, au but commun d'un parti, a reçu d'autre part, une force d'intervention plus active et plus efficace dans le choix des conseillers responsables du souverain. La monarchie, tempérée par les mêmes lois, est devenue, dans sa marche, plus ministérielle, que ne l'avoit faite la révolution de 1688, et le monarque, dont les inclinations personnelles procurent d'ordinaire à un parti l'ascendant dont celui-ci étaye à son tour la puissance du monarque, ne peut néanmoins toujours l'emporter sur la popularité de certains talens, sur la force de certaines influences. « Un Roi d'Angleterre, dit » l'écrivain que nous avons déjà cité *, n'est » pas beaucoup plus qu'un homme public » entre les autres : les dépassant, il est vrai, *de* » *la tête et des épaules*, comme un *Saül* ou un » *Agamemnon*, et jouissant par là d'un assez » grand avantage dans la mêlée, il ne peut » néanmoins évidemment l'emporter sur le » nombre, à moins d'user de quelque adresse à » l'appui de sa force, et de tirer parti des vues » intéressées et des animosités de ceux avec » lesquels il se trouve engagé; ce qui lui of» frant beaucoup de chances favorables, lui » assure à la longue le succès de la plupart de » ses désirs. »

Nous le demandons : est-ce là l'idée que l'on se fait en France de la royauté? Et lors même que des habitudes puissantes, que des sentimens populaires, n'écarteroient pas de nous

* M. Hallam. *Constitutional Hist. of England* (*Ubi suprà.*)

la possibilité d'un tel ordre de choses, auquel s'opposent d'ailleurs l'initiative réservée au souverain et plusieurs autres conditions de notre pacte fondamental, peut-on découvrir dans nos partis, dans les hommes dont ils se composent, quelque chose de cette prépondérance individuelle ou collective qui les élèveroit ainsi presqu'au niveau du trône?

L'aristocratie existoit en Angleterre lors des dernières conventions légales qui ont déterminé plus explicitement, et d'une manière plus favorable à la liberté, les limites du pouvoir royal. Elle y existoit riche, puissante, considérée, et occupant dans l'exercice de l'autorité suprême une place considérable, relativement a celle que remplissoit la nation tout entière, représentée par élection. Telle étoit, dès lors, la pairie; féodale dans son origine, constitutionnelle dans sa destination subséquente; telle étoit aussi cette autre noblesse (*Gentry*), qui, demeurée au second rang de la hiérarchie sociale, comme aux jours de la chevalerie auxquels elle emprunte encore ses titres et même ses droits parlementaires, n'a fait, pour ainsi dire, qu'échanger sa vocation guerrière pour les combats de la politique *. Des

* On sait qu'en Angleterre les hommes que l'on désigne ici

lois, pareillement féodales dans leur principe, mais appliquées aux besoins d'un nouvel ordre social, maintenoient dans ces deux classes l'ascendant et l'influence héréditaire de la propriété. Depuis, rien n'a changé à cet égard; et seulement les grands et les riches, trouvant dans l'accroissement général de la fortune publique les moyens d'augmenter leur crédit avec leur opulence, pendant que le progrès et la généralisation des lumières révéloient à la société, dans l'épreuve des délibérations parlementaires, des talens aussitôt agrégés aux poursuites de l'aristocratie; rien n'étoit plus naturel que de voir tant d'hommes puissans se liguer dans un but commun d'ambition. Mais la force des confédérations de cette nature, on doit le remarquer, n'est parvenue, et ne devoit parvenir à toute sa prépondérance que lorsque la divergence des principes politiques, atténuée par le temps et par les mécomptes des partis, eut permis de former des alliances moins circonscrites entre les supériorités parlementaires. Il en est des associations de parti, en Angleterre, comme de toute autre agrégation sociale. Plusieurs influences locales se concer-

portent tous la qualité d'*écuyer*, et sont élus au Parlement comme *chevaliers des comtés*.

tent, s'unissent, sous la conduite des mêmes chefs, et ceux-ci se confédèrent ensuite avec d'autres chefs, pour s'assurer une prééminence nécessaire à l'accomplissement d'un même dessein. Dans cet ordre de choses, une coalition de partis ressemble à l'alliance de deux États, qui font agir de concert des forces imposantes et disciplinées.

Voit-on en France, rien de semblable; et le niveau de l'égalité y a-t-il laissé subsister aucune influence aristocratique? Le talent et l'identité des doctrines, y marquent bien une prépondérance autour de laquelle des individus se groupent et s'allient dans les délibérations publiques; mais voici en quoi, ces agglomérations diffèrent essentiellement des élémens dont se composent les partis, en Angleterre. Là, comme les forces collectives et toutes matérielles de l'aristocratie, ne peuvent se passer des talens parlementaires, elles s'enrôlent, pour ainsi dire, par nécessité, sous leur bannière, et y demeurent fidèles par l'intérêt commun qui les unit. Ici, le talent n'est que l'expression heureuse d'une opinion individuelle à laquelle s'associent, plus ou moins, d'autres opinions, jusqu'au jour où quelque rivalité d'intérêt, et quelque dissidence de principe, viennent désunir toutes ces volontés indépendantes. Comme en Angleterre, comme dans tous les pays où l'on fera participer un grand nombre d'hommes à la puissance publique, l'ambition se mêle, en France, aux intérêts de parti; mais en Angleterre, elle est circonscrite dans le talent, par la prépondérance des supériorités sociales; dans les supériorités sociales, par la prépondérance du talent; tandis que, parmi nous, rien ne borne les prétentions individuelles, pas même les échelons d'une fortune politique, dont souvent on atteint le faîte par un premier et rapide élan.

En Angleterre, le souverain fait de l'administration publique, une sorte d'entreprise, mise au concours des talens et des influences; et cela s'accorde avec la force et l'unité des partis, qui ne prennent les rênes du gouvernement qu'avec les garanties plausibles du succès.

En France, le Roi régit les affaires de l'État avec les conseils d'un ministère, dans lequel il doit chercher à réunir les lumières, les talens et les vues les plus propres à concilier l'adhésion du plus grand nombre possible d'opinions individuelles.

En Angleterre, l'initiative parlementaire doit

s'exercer d'après des conventions expresses, d'où résultent le but commun et la force identique d'un parti ou de deux partis combinés.

En France, l'initiative royale ne peut trouver d'appuis que dans la sagesse, la modération et l'habileté des dépositaires du pouvoir, obligés de rallier journellement à leur desseins, une foule de sentimens divers et d'ambitions isolées.

Ce n'est pas que des tentatives n'aient été faites pour arriver, sur ce point, à des résultats pareils à ceux que nous offre en Angleterre l'action des partis parlementaires; ce n'est pas que des apparences spécieuses n'aient fait imaginer que tout étoit accompli sur ce point, et que les chambres *pouvoient et devoient faire les ministères;* tel est, du moins, le langage que l'on a entendu tenir; tel est le principe d'après lequel certains engagemens mutuels se sont manifestés comme constatant la force et l'exigence d'un parti. Toutefois, en examinant de plus près ces démonstrations de puissance et d'unité, l'on arrive bientôt à découvrir combien de désunion et de foiblesse réelles se cachent sous ces dehors imposans. En effet, l'identité des vues et des intérêts qui fait la prépondérance des partis, ne peut tenir qu'à la conformité des doctrines ou à l'accord des ambitions. Dans le premier cas, l'on n'a pas besoin de conciliabules, de délibérations, d'engagegemens personnels pour suivre un même but. C'est dans une conviction ferme et profonde, que se révèle alors l'union d'un parti; aussi, est-ce uniquement en s'adressant à cette conviction, que le pouvoir combat ou apaise les oppositions; et ce ne fut point par des choix, mais par des actes de *conformité* ou de *non conformité*, que les rois de la maison de Stuart cherchèrent à intimider, ou à satisfaire les Whigs-puritains ou les Torys-anglicans. Dans la seconde hypothèse, il faut que la foi politique, affoiblie par la tiédeur et la tolérance, n'impose plus aux ambitions ces obligations étroites et impérieuses qui, dans la ferveur des partis, s'opposent à toute concession de principes; et c'est ainsi que, dans ces derniers temps, les confédérations parlementaires se sont organisées chez nos voisins, pour une poursuite commune, sous l'influence des prédilections personnelles. Il est encore utile alors, que des agrégations naturelles, pareillement soustraites à l'empire des doctrines, présentent aux calculs politiques, des quantités multiples, comme élémens primitifs d'une imposante majorité; et c'est ce qui arrive en Angleterre, par la dépendance de certains suffrages, acquis à certaines influences. En France, il n'y a, dans le corps représentatif, et même dans le corps électoral, que des unités indépendantes, et des rapprochemens fortuits et volontaires d'opinion. Ce qui manque aussi évidemment à la consistance de nos partis, ce sont des chefs avoués, auxquels tous cèdent, d'un commun accord, les rênes d'un gouvernement, nécessaire même à la conduite d'un parti. On marche, si l'on veut, à la suite des hommes les plus éminens; mais sans engagement, sans abnégation, et avec toute la liberté d'une adhésion précaire et conditionnelle. En un mot, *le point d'honneur, de la persévérance politique, à l'égard des personnes*, n'existe nullement parmi nous, et ne peut conséquemment offrir, à l'exercice du pouvoir, l'assistance numérique que sembleroit promettre le choix de tel ou tel individu, appartenant à telle ou telle opinion.

La force qui résulte de l'identité des doctrines, ne seroit qu'à l'usage d'un ministère de parti, et ce n'est pas évidemment celui qu'appelle le vœu de la France. Celle qui se rencontreroit dans des concessions mutuelles, supposeroit, dans les partis, un affoiblissement de foi politique, qui ne s'est point encore évidemment opéré, et un nouveau principe d'union que l'on n'y peut découvrir encore.

Que le ministère actuel fût donc demeuré tel qu'il est d'abord émané de la pensée royale, ou qu'il se soit modifié par des mutations, toujours ne peut-il être, à des conditions durables, qu'un *ministère de choix*, dans lequel le roi, comme la nation, ont à désirer la plus grande réunion possible de lumières, et la plus grande conformité de vues aux besoins de la société; ce ne sera jamais qu'une combinaison plus ou moins heureuse de capacités et d'opinions individuelles, et non une *coalition de partis.*

Il existe quelque part, dans le bulletin des lois, une ordonnance royale, qui a pour objet de déclarer que le ministère est *un et solidaire.* C'est un exemple marquant, quoique peut-être assez oublié, de la marche que l'on suit en France, pour plier les faits à des règles spéculatives, au lieu de faire sortir les règles de l'autorité des faits. On n'a pas alors réfléchi qu'il n'y avoit que peu de temps qu'en Angleterre, les préjugés de partis avoient fait, de cette union et de cette solidarité, un caractère de l'administration publique, parce que cette administration n'est elle-même qu'un parti, qui est investi du pouvoir, ou deux partis qui s'entendent pour l'exercer en commun. Jusques-là, on voyoit les membres d'un ministère différer de vues politiques, même au parlement, sans, pour cela, provoquer une révolution ministérielle, et l'on en cite surtout des exemples, sous le règne de la reine Anne. Aujourd'hui encore, comme l'on sait, il est des questions à l'égard desquelles les Anglais se réservent, quoique faisant partie d'une même administration, la liberté d'opiner en sens contraire; mais cette liberté est toujours formellement stipulée dans le pacte qui préside à la formation des conseils du souverain. Il semble que, parmi nous, on ne peut ni étendre aussi loin qu'en Angleterre, l'idée de la solidarité d'opinion qui doit exister dans un ministère, ni aller jusqu'à la disparité manifeste de sentimens qui jadis y étoit tolérée. La raison en est que nous différons, à la fois, de l'une et de l'autre des deux hypothèses que nous offre la condition passée et présente de nos voisins. Nous sommes, comme ils l'ont été, sous le régime des *ministères de choix*, mais nous y joignons l'initiative constitutionnelle du Roi, laquelle exige évidemment, l'accord ostensible des intentions ministérielles. Des hommes exempts de tout engagement de parti, peuvent donc évidemment, dans une même administration, différer de sentiment, et toutefois ne pas désavouer publiquement, l'expression convenue d'une proposition royale. Ainsi, M. de Chateaubriand a pu, sans inconséquence, combattre hors du ministère, le système de ses anciens collègues ; ainsi d'autres ministres ont le droit de récuser pareillement un principe de responsabilité, inapplicable jusqu'ici à notre situation politique.

Ici se place une nouvelle réflexion sur les rapports qui, dans une constitution mixte, peuvent caractériser différemment l'action de la royauté dans la formation d'un ministère. On a vu qu'en Angleterre les partis parlementaires, disciplinés sous la conduite de certains chefs qui, soit par leur position sociale, soit par leur capacité personnelle, exercent une prépondérance également reconnue, formoient des agrégations où le patronage aristocratique se combinoit, sans choc et sans effort, avec l'autorité du talent. On sait que chacune de ces associations, organisées de la même manière, comprend respectivement et ses grandes familles et ses orateurs renommés, et que cet état de choses présente l'idée d'une guerre dans laquelle le monarque n'est pour ainsi dire qu'une puissance entre d'autres puissances, dont il s'occupe à rechercher ou à rompre les formidables alliances. Mais n'est-il pas sensible que de telles combinaisons ne sont guère compatibles qu'avec la constitution aristocratique des partis? On conçoit comment un Roi peut avoir à lutter contre le pouvoir des grands, et il ne faut pas perdre de vue que les hommes nouveaux, parvenant, par le talent, à la fortune et aux honneurs, s'y trouvent environnés de l'aristocratie parlementaire, et ne peuvent que faire cause commune avec elle; mais il est difficile de concilier avec le nivellement de la société, tel qu'il existe en France, cette capitulation constante de la royauté avec les partis. Chez nos voisins, en effet, toutes les négociations, tous les rapprochemens qu'occasionne une révolution ministérielle, ont, pour antécédens, les affinités sociales les plus familières. C'est dans un cercle assez restreint de personnes dont le caractère et les dispositions sont personnellement connus du souverain, qu'il doit chercher les élémens d'une nouvelle administration. Mais comment procéderoit-on en France, si la même nécessité y faisoit subir son joug au pouvoir royal? De quel chaos obscur et mobile le monarque auroit-il à tirer les principes d'une création de ce genre? Quel moyen d'approximation naturelle trouveroit-on entre ses vues et des hommes que distingueroit à peine, à ses yeux, une équivoque et précaire renommée?

Lorsque la place qui, d'un commun aveu, est assignée dans un parti à un homme considérable ou à un homme de talent, prend toute la stabilité d'une condition sociale, dans un pays où toutes les supériorités et toutes les influences appartiennent à perpétuité aux affaires publiques, rien n'est plus facile, pour le prince, que d'apercevoir où il doit chercher la force de ses conseils. Mais, dans un ordre de choses tout différent, où des électeurs, égaux et indépendans, font sans cesse varier les résultats de l'élection, où les députés déjà avancés en âge ne se tiennent point assurés de consacrer le reste de leur carrière aux délibérations publiques, où la capacité propre aux affaires ne s'est point développée par toute une vie parlementaire, quelle que soit d'ailleurs la supériorité, souvent incomplète et contestée, des talens révélés à la tribune, il est sensible que les élémens d'un ministère ne peuvent sortir, par évidence, du sein de la représentation nationale; et cette réflexion sur la conséquence de nos lois et de nos mœurs, doit même faire conjecturer que, si elles se maintiennent, ce sera le plus communément, dans la chambre héréditaire, que le souverain, à l'avenir, cherchera les ministres qui seront désignés à son choix par une vie publique plus durable et mieux connue.

Que l'on nous permette ici une réflexion incidente sur d'autres difficultés dont nous avons précédemment parlé, mais sur lesquelles les différences qui viennent d'être remarquées dans la distribution des influences sociales, en France et en Angleterre, ramènent inévitablement notre pensée. On connoît l'extrême liberté de la presse, chez nos voisins, et l'effet que produisent sur eux de nombreuses publications périodiques. On ne songe cependant peut-être pas assez que les propriétaires et les éditeurs des journaux n'y appartiennent pas à la classe de la société qui, dans ce pays, exerce, pour ainsi dire, le monopole des affaires publiques. Les hommes d'Etat n'y écrivent pas, ou n'y écrivent que clandestinement dans les feuilles périodiques, et n'y sont pas eux-mêmes journalistes. En France, comme la classe moyenne, ou plutôt, l'on pourroit dire, comme la classe unique des hommes distingués par l'éducation et les lumieres, est indistinctement appelée, de fait et de droit, à toutes les fonctions publiques, ce n'est pas seulement comme spectateurs, mais comme acteurs de la scène politique, que les rédacteurs des journaux prennent parti dans les débats de l'opinion, et il ne s'agit pas uniquement, pour eux, comme chez nos voisins, d'une industrie, fondée sur les dissentimens publics, mais d'une participation directement intéressée à la lutte des ambitions. En un mot, on pourroit dire qu'en Angleterre ces écrivains font les affaires d'autrui, et qu'en France ils s'occupent des leurs. Aussi doivent-ils être parmi nous bien moins accessibles à certaines vues intéressées, qui les dirigent ailleurs, et leurs intérêts y sont d'une autre nature et d'une autre portée. Il s'ensuit encore qu'en Angleterre, même avec plus de liberté, ils doivent avoir moins de prise sur les esprits, parce qu'ils y trouvent, pour contre-poids à leurs opinions spéculatives, les intérêts positifs et matériels des associations de parti. On peut observer, en effet, à cette occasion, qu'aux Etats-Unis d'Amérique, où les journaux existent comme ici au milieu d'une société nivelée, leur intervention est bien plus puissante que dans l'ancienne métropole de cette république nouvelle. Nous ne sommes peut-être à cet égard ni dans la position des Américains, ni dans celle des Anglois; mais il n'en est pas moins vrai que la confusion inévitable qui subsiste, en France, entre la vocation de journaliste et celle d'homme public, tend à étayer souvent d'une opinion factice, des brigues ambitieuses, contre lesquelles un pouvoir monarchique auroit à réclamer, dans l'intérêt même d'une liberté ainsi pervertie, des moyens de légitime défense!

Quelle marche, au surplus, l'état de choses que nous avons dépeint indique-t-il aux dépositaires de l'autorité royale? celle qui nous semble presque inverse des pratiques actuelles du gouvernement anglois. Celui-ci s'adresse aux hommes. Ici l'on doit ne s'adresser qu'aux opinions, puisque les hommes n'ont de valeur que par elles. En Angleterre, le Roi doit composer avec les vues et les ambitions d'un parti. En France, il doit bien se garder de céder à celle des individus; et voici pourquoi : c'est que, chez nos voisins un parti est une force collective, dont on acquiert l'appui assuré, à des conditions explicites; tandis qu'en France, une transaction individuelle ne fait que satisfaire, en l'isolant, un intérêt personnel. Dans le premier des deux pays, le pouvoir prédominant est une haute aristocratie, dans laquelle le monarque ne remplit, pour ainsi dire, que le rôle de chef et d'arbitre. Dans le second, les forces de la société encore en lutte, placent jusqu'à présent les résistances politiques dans une classe moyenne, sous l'influence d'une multitude de petites ambitions. En effet si l'on y fait réflexion, les poursuites ambitieuses en Angleterre, sont toutes placées au sommet de la société; on y aspire aux grandes magistratures, aux grands commandemens, à des ministères, à des dignités de cour, et toutes ces places sont amovibles, comme un cadre dans lequel entre alternativement l'aristocratie des partis. Ici, on se fait un titre de son opinion, pour aspirer aux plus grands, comme aux plus minces emploi; et notre impartialité, témoin de tant de réactions diverses, ne peut, sur ce point, acquitter aucun parti, d'une disposition intéressée, que la conscience se dissimule, sous l'apparence d'un rigorisme d'opinion. Mais comme les petits emplois et les petites ambitions suscitent un grand nombre de prétentions rivales, le principe d'intérêt d'où résulte, en Angleterre, l'union des partis, se trouve être précisément le dissolvant des nôtres; et peut-être l'incompatibilité de certaines fonctions subalternes avec celles de député, défavorable en apparence au pouvoir, lui seroit-elle avantageuse, en définitive. Lorsqu'on ne se jeteroit plus dans l'opposition qu'en perspective d'un ministère, l'on trouveroit moins d'adhérens et, il faut bien le croire, moins d'émules.

Cependant, il convient aussi de le reconnoître, à l'honneur de la France, l'individualité des opinions y tient souvent à leur indépendance; et lors même qu'un peu de vanité mettroit ainsi la conscience en garde contre une condescendance, sur laquelle repose ailleurs la subordination des partis, ce ne seroit qu'une restriction à l'éloge que mérite ce principe d'intégrité politique. Mais ce qu'il faut bien apercevoir, en même temps dans un tel état de choses, c'est l'impossibilité de compter sur des majorités fermes et compactes, c'est la nécessité d'admettre les trois ou quatre subdivisions entre lesquelles il faut classer les opinions des chambres et celles du pays, c'est l'obligation, pour tous les ministères, de ne chercher leur force, ni dans l'une ni dans l'autre de ces fractions, mais dans la puissante médiation qu'assignent au pouvoir ces divergences même, réduites par leur foiblesse respective, à la nécessité d'une perpétuelle conciliation *.

* Cette conciliation seroit grandement facilitée, nous le pensons, par quelque heureuse innovation dans nos usages parlementaires. En Angleterre, le président de l'une et l'autre Chambre est investi du pouvoir discrétionnaire de former les comités chargés de préparer les mesures importantes; et ce qui paroîtra surprenant à notre esprit de partialité, c'est qu'il les compose d'ordinaire à la suggestion des ministres, qui ont soin d'y faire entrer les hommes les plus éminens de tous les partis. En France, les deux Chambres ont chacune une manière différente de nommer les commissions qu'elles ont à former. Les Pairs y procèdent par une élection générale, faite par la Chambre, à la majorité absolue. Dans la Chambre des Députés, l'élection est fractionnaire, chacun des membres d'une commission, étant choisi par chacun des bureaux dont la composition a été produite par le sort. Ces deux formes paroissent également incompatibles avec la juste intervention des opinions diverses. La première ne fait que reproduire exclusivement les sentimens de la majorité; la seconde n'amène qu'une combinaison fortuite, dans laquelle chaque parti n'est pas toujours certain d'avoir pour organes, les hommes qui auroient le mieux mérité sa confiance. Si nous osions suggérer un mode d'élection qui, par des moyens différens de ceux qui sont employés, en Angleterre, mais plus conformes à nos mœurs, produiroit un résultat à peu près semblable, nous indiquerions la pluralité relative, constatée dans un tour de scrutin, par des bulletins qui ne renfermeroient qu'un seul nom. De la sorte, cinq personnes, réunissant le plus grand nombre de suffrages et représentant les vœux de différentes fractions d'une assemblée, pourroient être autorisées à s'adjoindre le nombre de membres nécessaires pour compléter une commission. Par là, il nous semble que l'initiative royale recevant, dans un débat secret, le premier choc des oppositions, seroit moins compromise et que les délibérations publiques se trouveroient mieux éclairées par les effets préliminaires d'un examen plus approfondi.

Ce dernier mot semble, à lui seul, constater et les méprises du passé et les devoirs de l'avenir. C'est pour s'être placé entre les partis, sans les concilier, que les ministères, appuyés par des opinions mitoyennes, ont succombé à deux oppositions confédérées. C'est pour avoir dédaigné toutes les dissidences, qu'un ministère de parti n'a pu conserver le pouvoir. C'est par la conciliation, nécessité impérieuse d'un ordre public où toutes les opinions et tous les intérêts se combattent librement, où tous ont leurs exigences légitimes, et leurs prétentions dangereuses, que le gouvernement royal pourra se maintenir au milieu d'une société agitée. Et, qu'on ne voie pas, dans cette modération, une manifestation de foiblesse et d'impuissance qui ait à faire tomber le pouvoir dans un funeste discrédit! C'est en l'élevant au-dessus de sa sphère légale, qu'on l'expose à des chocs qui lui imprimant un mouvement rétrograde, le placent dans une sorte d'inévitable décadence. C'est en l'abaissant au niveau des préventions passionnées des partis, qu'on lui ravit cette haute, cette imposante considération, dont il doit être investi!

Le système de *bascule*, que l'on a souvent blâmé dans la conduite des affaires publiques, a été frappé d'une telle défaveur, qu'il y auroit du courage à prétendre le réhabiliter. Si l'on entend par là, une marche incertaine et vacillante qui conduise tour à tour à des mesures conçues dans des vues disparates, sans doute, il n'y a rien de plus contraire à la sagesse et à la fermeté du pouvoir; mais si l'on veut parler des actes qui, dans des occasions diverses, et pour un but différent, peuvent tour à tour, être censurés par les préventions contraires de deux partis opposés, nous ne voyons pas, nous l'avouons, d'autre moyen d'échapper à cette censure alternative, que de se livrer exclusivement aux conseils de l'un ou de l'autre. Et, si la France, dans ses choix, n'a donné l'ascendant à aucun d'eux; si les opinions intermédiaires, avec une multitude de disparités, dominent au contraire dans le résultat des élections, si la pensée même de la fusion des partis dans l'administration publique, indique clairement la neutralité des masses, comment le pouvoir aura-t-il à trouver sa force hors de la route mitoyenne qui lui est tracée?

Il est en outre à remarquer que lorsque les gouvernemens ne veulent ou ne peuvent tenir la balance égale entre les partis, les nations elles-mêmes se précipitent dans un *système de bascule*. Ainsi pendant long-temps, en Angleterre, la prépondérance exclusive d'un parti, et l'usage qu'il en avoit fait, donnoit presque toujours, dans une réélection, plus de force au parti contraire, et déjà la France n'est point étrangère à de semblables vicissitudes.

Quand nous assignons au pouvoir le rôle de médiateur et d'arbitre, dans le conflit des opinions, qu'on ne se méprenne pas à notre pensée. Ce n'est point par leur confusion incohérente, ni par l'amalgame arbitraire des hommes qu'elles divisent, que nous lui proposons d'atteindre à un tel but. On sait que les forces de la nature ont deux effets distincts que la science nous a révélés. Par le premier, des corps, sollicités également, en sens inverse, demeurent immobiles; par le second, deux impulsions différentes leur impriment un mouvement combiné, dans une direction mitoyenne, à l'égard de l'une et de l'autre. C'est l'image de l'inertie dans laquelle pourroit tomber le pouvoir, abandonné aux efforts contraires des opinions; c'est celle de l'active modération qui peut lui frayer une route, à travers les résistances diverses, inhérentes à l'état de transition, où se trouvent encore nos mœurs publiques. Il existe, parmi nous, on ne peut le contester, des hommes qui ressentent, à la vue des luttes ambitieuses et des débats passionnés dont ils sont témoins, une vive répugnance pour nos formes constitutionnelles, qui désespèrent de leurs heureux effets, qui doutent même de leur durée. Il en est d'autres qui, ne voyant, dans nos institutions, que le germe informe des plans réformateurs qu'ils ont conçus, tendent à nous entraîner par de-là les bornes qu'elles ont fixées aux libertés d'un Etat monarchique. Mettez-les en présence, et demandez-leur de s'entendre sur des questions d'intérêt public, vous n'arriverez qu'à un combat d'opinion, sans résultat et sans terme! C'est avec discernement, c'est avec indépendance, que le gouvernement doit choisir entre les vues et les intérêts dont il peut se faire un appui. C'est dans une région supérieure aux rivalités et aux prétentions des partis, qu'il obtiendra, de la justice et de la raison, une force que lui refuseroient les transactions de la crainte et les condescendances de la foiblesse. Les opinions les plus opposées, dès qu'elles seront sincères, ne peuvent manquer de lui offrir, en sens divers, le tribut de leur approbation, lorsque, tendant à confirmer l'alliance du pouvoir et de la liberté, il satisfera, tour à tour, à leurs prédilections respectives. C'est à cet assentiment qui ne se calcule point par des noms propres, mais le seul que permettent de demander aux partis, l'indépendance individuelle des votes et le contraste des doctrines, qu'il faut borner la recherche des suffrages législatifs. Et, qu'arriveroit-il si, renouvelant des fautes condamnées, l'on faisoit des assemblées délibérantes, une sorte de *bazar* politique, où le trafic des adhésions sembleroit l'inévitable nécessité imposée à l'autorité royale? que des intentions simulées, que des forces factices, que des ambitions transfuges, formant sans cesse des oppositions fractionnaires, nous retraceroient cette hydre de la Fable, dont les têtes, toujours renaissantes, défioient le succès d'un bras victorieux; que, sortant des conditions d'une émulation constitutionnelle, dans laquelle, peut-être, un peu d'intrigue est indispensable, même aux grands talens, on verroit la fortune des petits talens protégée par beaucoup d'intrigue; qu'enfin, des combinaisons éphémères livreroient à la plus pernicieuse instabilité, les intérêts et les destinées de la France!

Il n'est pas jusqu'à la bonne foi et la loyauté

que cette circulation pour ainsi dire monétaire des emplois, destinés à solder le compte des ambitions, ne doive souvent impliquer dans les résistances accidentelles qui rendent si incertaine et si vacillante la marche de l'administration. On peut en effet quelquefois colorer plus aisément encore à sa propre conscience, qu'aux yeux d'autrui, des intentions confuses qui, secrètement encouragées par le succès des oppositions, en saisissent le prétexte plausible ou le motif légitime; et ce n'est point dans un principe d'abnégation, qu'il faut communément chercher même la source de l'intégrité politique.

Ce qu'il faut surtout bien comprendre, ce sont les doubles conditions du gouvernement fondé par la Charte, et de la constitution sociale dans laquelle ce gouvernement doit éviter le choc des préjugés et le péril des inconséquences; et, sur ce point, nous craignons que notre éducation politique ne soit pas encore bien complète. On rencontre en effet des hommes qui acceptent sincèrement nos nouvelles institutions, d'autres même qui en font l'objet de leurs plus chères prédilections, sans être pour cela exempts des préventions, d'origine ancienne ou nouvelle, qui sont le plus incompatibles avec les besoins réels de la société. Nous avons indiqué quelques unes de ces méprises. Il en est d'autres que nous n'avons pas remarquées. La connoissance de quelques écrits où se trouve exposée la théorie du gouvernement représentatif, l'étude même, assez superficielle, parmi nous, de l'histoire d'Angleterre, ne suffisent pas pour se faire à cet égard de saines opinions. Il faut, en outre, ce qui est plus difficile, se dépouiller de cette partialité trop commune, de cette précipitation plus commune encore, qui rétrécit le jugement et trompe l'observation. Nous avons, dans le cours de ces réflexions, fait de fréquentes allusions à l'Angleterre, à son histoire, à ses mœurs politiques, parce que là seulement peut se trouver l'expérience pratique d'un gouvernement dont les formes ont été empruntées à nos voisins; mais cette expérience nous enseigne que, parmi eux, les formes dont il s'agit, ont été diversement comprises, différemment appliquées, pendant une période de plusieurs siècles; que même, depuis l'époque où l'on a coutume de les regarder comme fixées, par une importante révolution, elles ont à faire remarquer de sensibles altérations dans leurs effets; que les lois, là où elles règlent les plus petits intérêts, n'ont pu toutefois balancer irrévocablement la prépondérance relative des pouvoirs politiques; que la hiérarchie sociale, la distribution des richesses, les croyances, les préjugés, les événemens, sont inévitablement intervenus pour compléter l'œuvre de la législation. Et nous, impatiens que nous sommes! avec une Charte improvisée sur les vestiges d'une révolution populaire, en présence d'une usurpation déchue, au milieu des souvenirs encore vivans de cette brillante monarchie de Louis XIV, à laquelle s'attachoient, pendant nos longues discordes, tant de regrets et d'espérances, nous aspirons à jouir tout à coup, sans difficultés et sans résistance, du bienfait des libertés légales! Bien plus; nous prétendons naturaliser soudain, sur le sol de la France, les mœurs politiques de l'Angleterre, telles qu'elles existent aujourd'hui, fondées sur des habitudes progressives et sur des faits étrangers à notre histoire. Nous ne voulons pas tenir compte de ces luttes fréquentes entre les rois et les parlemens qui, depuis le temps où *Jean-Sans-Terre* acceptoit la grande charte, jusqu'à celui où Guillaume III rejetoit les *bills* qui tendoient à restreindre son autorité, ne nous offrent qu'un état précurseur de celui où les prérogatives de la couronne et les libertés publiques se concilient, depuis peu, dans un accord uniforme et paisible. Nous ne songeons pas aux énormes abus qui depuis si longtemps, chez nos voisins, ont dénaturé le système de représentation élective, et qui n'ont été en partie réprimés que par le progrès de la morale publique. Nous n'apercevons pas avec combien d'intérêts personnels, de prédilections capricieuses, d'intrigues ignorées, doivent transiger encore, de nos jours, sur la terre classique de la monarchie représentative, l'opinion et la volonté des hommes les plus distingués par leur talent et leur indépendance, et nous nous faisons une idée imaginaire d'un modèle à suivre, ou même à dépasser, et dont l'imitation ne laisseroit ni à la faveur, ni à la prévention, ni à la brigue, aucune place, soit dans les conseils du prince, soit dans la conduite des partis! Une telle attente, évidemment chimérique, a pour effet de détourner nos regards des vues pratiques qui réclament notre attention, et peut-être de nous entraîner, par un effort imprudent, au-delà des sages limites que doit se prescrire l'amour du bien.

Réprimons, s'il est possible, et la promptitude et l'intempérance de nos désirs! Voyons la France telle qu'elle est; le pouvoir royal tel que le définissent, non seulement les dispositions de la Charte, mais les nécessités et les habitudes de la société; l'administration, telle que nous l'ont léguée les pensées d'ordre et d'unité qu'enfanta le dégoût de l'anarchie populaire; les intérêts et les opinions des hommes, tels que les ont fait survivre aux révolutions, et l'empire des préjugés, et la force des innovations; les croyances religieuses, telles que les ont fortifiées, dans certaines âmes, les persécutions de l'incrédulité, telles que les a étouffées, dans d'autres, le scepticisme philosophique. N'aspirons pas à tout réformer! trop de périls s'attachent à cette ambition présomptueuse! Mais, à l'ombre du droit légitime qui donne à la France les garanties du repos et de la sécurité, abandonnons-nous, avec confiance et modération, au développement assuré des heureuses et fortes institutions qui portent en elles le germe de toutes les prospérités.

FIN

www.ingramcontent.com/pod-product-compliance
Lightning Source LLC
LaVergne TN
LVHW010030230826
846091LV00005B/1660